LEARN FRENCH with Luc et Sophie

Beaucoup de bonbons

1ère Partie, Unité 6

Barbara Scanes

Brilliant PUBLICATIONS

3

Tu as combien de bonbons ?
Un, deux, trois, quatre, cinq, six, sept, huit, neuf, dix ...

... onze, douze, treize, quatorze, quinze, seize, dix-sept, dix-huit, dix-neuf, vingt.

Alors, quatre bonbons pour moi, quatre pour Henri, quatre pour Luc, quatre pour Nadine et quatre pour Sophie.

Non !
Zéro bonbons pour toi,
zéro pour Henri,
zéro pour Luc,
dix pour Nadine
et dix pour moi !
Au revoir !

Vocabulaire

Sophie a	Sophie has
un bonbon	a sweet
des bonbons	some sweets
tu as combien de ... ?	how many ... do you have?
onze	eleven
douze	twelve
treize	thirteen
quatorze	fourteen
quinze	fifteen
seize	sixteen
dix-sept	seventeen
dix-huit	eighteen
dix-neuf	nineteen
vingt	twenty
zéro	zero